AF247135

QUELQUES IDÉES

SUR

LE MONUMENT TRIOMPHAL,

VOTÉ PAR LE SÉNAT CONSERVATEUR

A' NAPOLÉON LE-GRAND,

PAR

LOUIS ROMEY,

MEMBRE DE LA LÉGION D'HONNEUR,
ET DU COLLÉGE ÉLECTORAL
DU DÉPARTEMENT DES ALPES - MARITIMES,
MAIRE DE LA VILLE DE NICE.

Tum meæ, si quid loquar audiendum,
Vocis accedet bona pars ; et ; O Sol
Pulcher, O laudande canam recepto
    Cæsare felix !
Tuque dum procedis, Io triumphe !
Non semel dicemus, Io triumphe !
Civitas omnis ; dabimusque divis
    Thura benignis.
      HORAT, Carm. Lib. 4. Od 2.

A' NICE,

CHEZ COUGNET, PÉRE ET FILS, IMPRIMEURS-LIBRAIRES.

AN 1806.

QUELQUES IDÉES

Sur le Monument triomphal, voté par le Sénat Conservateur à NAPOLÉON LE-GRAND.

» *LE SÉNAT CONSERVATEUR AU NOM*
» *DU PEUPLE FRANÇAIS CONSACRE UN*
» *MONUMENT TRIOMPHAL A' NAPOLÉON*
» *LE-GRAND.* »
  » S. C. Du 1.ᵉʳ Janvier 1806.

TEL est le décret par lequel la France a voté l'érection d'un monument qui transmettra à la postérité un témoignage durable de l'admiration, de la reconnaissance, de l'amour des français pour le Héros qui les a rendus à la vertu, à la gloire, au bonheur.

Trop magnanime pour reprocher leurs défaites aux peuples vaincus, le Sénat en votant ce monument n'a point voulu perpétuer leur honte (1).

Quand, après avoir vaincu, on accorde une paix prompte, et généreuse, on renonce à élever des autels à la discorde, et à la haine (2).

Il a été observé par un sage du Sénat,
» que si chez les anciens le triomphe était le
» comble des honneurs militaires, sa pompe,
» et l'avilissement des vaincus, enchaînés au
» char du triomphateur, étaient des pompes
» barbares, et presque inhumaines (3).

Il n'y a eu parmi les modernes que *Pierre
Alexiowits* qui ait voulu jouir d'un pareil
spectacle.

Après avoir vaincu à *Lesnow* et à *Pultawa*
les Suédois, dont les nombreuses victoires
avaient enfin appris à Pierre à battre ses
adversaires, il étala en triomphant dans
Moscow, et dans *Petersbourg*, un appareil,
et un faste, capables d'éblouir les yeux de
ses peuples barbares (4).

Quant à nous, nous n'enchaînerons pas
au char victorieux de notre Empereur les images
des monarques qu'il a vaincus.

Son entrée dans Paris n'a été ni précédée,
ni suivie, d'une foule de russes, de moraves,
d'autrichiens, chargés de honte.

» Le Sénat en corps est allé au devant de
» Sa Majesté Impériale et Royale, et lui a
» présenté l'hommage de l'amour, de la reconnaissance,
» de l'admiration du Peuple
» Français (5) »

Des fêtes nobles, plus dignes des lumières
du siècle où nous vivons, embelliront Paris,
le Champ de Mars, et la France entière.

Ces fêtes, annoncées par le Monarque,
rendront mémorables les premiers jours de
Mai prochain (6).

De monumens également nobles et im-posans attesteront sur plusieurs points de l'Empire les hauts faits de NAPOLÉON, et l'étonnante magnanimité avec laquelle, en si-gnant le traité de *Presbourg*, il devient le garant et l'appui de l'Autriche désarmée, recompense par des royaumes la fidélité de ses alliés, orne même du diadème la tête de la fille de George III d'Angle-terre, séparée à-jamais des ambitieux et avides desseins de son père par le lien sacré qui unit cette princesse à Frédéric II de Wurtemberg ; » et force les peuples vaincus » à saluer NAPOLÉON comme leur libéra-» teur (7) ».

Ce sera ainsi que la reconnaissance, l'amour, et l'admiration des français pour le Héros pacificateur, et pour le Héros guerrier, en consacreront les victoires et les conquêtes sur l'aveuglement, la cupidité, la corruption, et la barbarie.

Le Monument qui a été voté est un triomphe sur la perfidie des anglais ;

C'est elle, ce sont eux, qui s'obstinent à affliger le monde d'une guerre injuste, et cruelle.

Anciens et implacables ennemis, ce sont les anglais qui ont constamment conspiré contre l'existence et la prospérité de la France (8).

Ce sont eux que NAPOLÉON a vaincus en Italie et en Allemagne.

Chaque complot de l'Angleterre a provoqué des résultats heureux pour la grandeur de BONAPARTE.

La victoire d'*Austerlits*, et le traité de *Presbourg*, principaux résultats de la troisième coalition, suscitée par l'or corrupteur de la Grande Bretagne, ont mis le comble à la gloire de NAPOLÉON.

On a donc raison de le dire, les monumens qui éterniseront le souvenir de ces mémorables événemens seront autant de trophées remportés sur l'ennemi implacable qu'un bras de mer seulement, et le besoin de désarmer ses alliés mercenaires et abusés, ont fait jusqu'à présent échapper au sort préparé par Dieu aux ennemis de NAPOLÉON, et de son peuple.

Il a été remarqué » qu'en votant l'érec-» tion d'un monument triomphal le Sénat » n'en a point voulu précipiter la désigna-» tion (9) ».

» Que ce soit un arc de triomphe, ou » un pont, ou un obélisque, ou plutôt » un morceau de grande architecture, ce » monument doit être à la fois, digne du » Héros à qui il est consacré, et du peuple » qui le lui consacre (10) ».

· » La génération présente doit s'expliquer » avec les races futures (11) ».

» Elle veut que l'on donne à l'ardente ex-» pression des sentimens qui l'animent, et qui » l'entrainent, le sceau de la reflexion, et » de la durée (12) ».

Mais, s'il peut appartenir aux artistes de

tracer à loisir le plan et les détails de l'exé-
cution de ce monument, il peut appartenir à tout bon français de méditer sur
ce sujet éminemment patriotique, et de
faire hommage à la gloire nationale, du ré-
sultat, quel qu'il soit, de ses propres mé-
ditations.

Aucun des peuples les plus puissants de
l'antiquité, si ce n'est le peuple romain,
n'est comparable au peuple français.

Le plus grand nombre de nos institutions,
la dignité souveraine, les premiers corps
de l'état, d'autres magistratures, portent
des dénominations romaines.

On peut donc imiter les anciens maîtres
du monde dans les monumens consacrés par
eux aux grands personnages, et aux grands
événemens.

Dans les siècles héroïques les trophées
étaient des troncs d'arbres revêtus des dépouilles, et des armes des vaincus.

Par la suite, et après que Rome eut appris
de la Grèce à inaugurer ses victoires, on
commença à se servir de la pierre, du marbre, et du bronze pour élever des trophées.

Dans les premiers temps on les établissait
sur des montagnes, ou dans des lieux élévés (13).

Le premier monument triomphal dont
l'histoire romaine fasse mention, fut celui
consacré à Jupiter, dans le capitole, pendant, ou après les victoires remportées sur
les insubriens par *C. Flaminius* (14).

(8)

Long temps après, *Domitius* de la branche des *Énobarbes*, et subséquemment *Fabius Maximus*, neveu de *Paulus*, érigèrent sur les bords de l'Isère des tours triomphales, ornées des trophées enlevés aux *Allobroges*, et aux *Saliens* vaincus par eux (15).

Nous possédons dans nos Alpes-maritimes, et dans la petite ville de *Torbia*, les restes du magnifique monument décerné par le Sénat et le Peuple de Rome à l'Empereur César-Auguste (16).

Le mot *Torbie* tire son origine du mot *Tropæa* : cette étymologie et l'histoire prouvent que ce monument triomphal a donné son nom, et l'existence à cette ville (17).

Notre dessein est d'appeler l'attention du Sénat, et celle du Public sur les restes de ce grand monument.

Notre désir, celui fortement prononcé des français des Alpes-maritimes, est de voir que le premier monument triomphal voté par le Sénat de la France au premier Empereur des français, soit élévé sur les mêmes fondémens, encore existans, du premier, et magnifique monument triomphal voté par le Sénat de Rome au premier Empereur des romains.

Nous nous permettrons en conséquence, d'indiquer rapidement quelques monumens de ce genre qui ont été érigés dans les Gaules ; et nous parviendrons à établir qu'aucun n'a surpassé en magnificence celui des Alpes-maritimes, et qu'aucun autre point de l'Empire ne parait être plus convenable pour recevoir le monument projeté.

On a lieu de croire que le grand édifice d'une haute antiquité qu'on voit à *Saint-Rhemy*, et qu'on suppose avoir été élévé à *Drusus*, surnommé *Germanicus*, n'était ni si étendu, ni si magnifique (18).

Il n'y aurait évidemment aucune point de comparaison à établir entre ce même monument, et celui d'une seule arche qu'on voit à *Cavaillon* (19).

On peut soutenir cette même opinion à l'égard du monument dont on voit les restes à *Carpentras*, consacré, suivant les uns, à la gloire de *Domitius Énobarbus* et de *Fabius Maximus*, et suivant les autres, à celle de *Septime-Sevère*, après sa victoire sur *Albinus* (20).

On admire à *Orange* l'arc de triomphe qu'on croit avoir été érigé en l'honneur de *Marius*; mais le monument triomphal de *Torbie* le surpasse en etendue, comme il a dû le surpasser en élévation, et en magnificence (21).

Quoique l'arc de triomphe qu'on voit à *Suse*, l'ancienne *Segusium*, soit un temoignage remarquable de la somptuosité avec laquelle le Sénat, et le Peuple romain, ont honoré Auguste, à son retour à Rome, après ses victoires sur le roi *Cottius*, il ne parait pas cependant, que ce monument ait été plus imposant que celui qu'ils lui ont fait élever sur les Alpes-maritimes (22).

Dans des temps beaucoup plus modernes, et pendant le siècle de splendeur illustré parLouis XIV, on érigea dans Paris un monument triomphal pour perpetuer le souvenir des victoires de ce grand roi.

A' differentes époques, on y érigea également deux arcs qui ont remplacé les portes de *Saint-Dénis*, et de *Saint-Martin* (23).

Dans des temps malheureux, la ferocité, et l'ignorance détruisirent le premier de ces monumens de la gloire nationale.

Les deux autres ont été épargnés comme par miracle.

Quoiqu'en disent des critiques difficiles, ces deux monumens sont d'un grand caractère, et d'une grande noblesse ; mais il parait, à en juger par les restes de celui de *Torbia*, que ce morceau d'une grande architecture l'emportait de beaucoup par l'etendue, l'élévation, les masses, et la richesse des décorations.

Ce n'était pas toujours des arcs de triomphe, mais bien souvent des monumens et des morceaux d'une grande architecture qui étaient érigés par les romains, en l'honneur de leurs grands personnages.

On a dû le remarquer, nous n'avons pas eû l'intention de rappeler le nombre de tous les monumens et des arcs de triomphe élévés dans les Gaules, en Italie, dans la capitale de l'empire romain, et ailleurs.

Cette entreprise aurait été longue, et difficile.

(11)

Du temps d'*Honorius* et de *Valentinien*
on en comptait encore trente six, seulement
dans les murs de Rome; indépendamment des
deux colonnes *Cochlides* si rénommées (24).

Tous les grands monumens de cette maî-
tresse du monde n'étaient point renfermés
dans l'enceinte de cette ville immense.

Rome les élévait là, où elle remportait
des victoires, et sur les points de son vaste
empire où la présence de ces monumens
imposans inculquait l'idée de sa grandeur,
et de sa puissance, et où ils pouvaient servir
de motif d'émulation à ses soldats, en leur
rappelant les exploits de leurs ayeux, et la
gloire de leur patrie.

Nous le réiterons, il parait que parmi
ces nombreux monumens aucun n'ait été
élévé sur un point plus imposant, ni dans
des vues plus glorieuses, que celui de la
Torbia.

Il parait aussi, qu'aucun n'ait fixé davantage l'attention du Sénat romain (25).

Auguste avoit enfin soumis par lui même,
et par *Drusus*, fils de Livie sa femme,
les peuples nombreux qui habitaient les
Alpes.

Les hostilités toujours rénouvellées par ces
anciens ennemis de Rome contrariaient le
passage de ses légions dans les Gaules(26).

La route militaire, *Via Aurelia*, par laquelle elles se rendaient de l'Italie dans la
Gaule narbonnaise, dans les provinces d'Espagne, et dans la Lusitanie, traversait les

Alpes-maritimes le long des bords de la Méditerranée (27).

L'itineraire *d'Antonin*, et la table de *Peutinger* nous ont conservé les listes des differens gîtes, soit *mansions*, ou *étapes*, qu'on y trouvait dépuis Rome jusques à *Arelatum*, Arles.

Ces deux itineraires s'accordent à placer une de ces *mansions* sur l'*Alpem summam*, qui selon l'itinéraire *d'Antonin*, séparait l'Italie de la Gaule narbonaise.

On a lieu de croire que la *mansion* qui se trouvait sur *l'Alpem summam* y existait au lieu même où l'on voyait le trophée d'Auguste, car cette *mansion* précedait de huit mille pas celle que ces itineraires placent à *Cemenelum*, actuellement *Cimiers*, chef-lieu de l'ancienne préfecture des Alpes-maritimes.

Il n'y a pas actuellemeut une plus grande distance entre *Cimiers, et Torbia* (28).

On croit que l'aile droite de l'armée d'Annibal s'est introduite en Italie par cette route (29).

Pratiquée sur les bords les plus éminents, et les plus méridionaux de ces montagnes, dominant la mer à une grande élévation, et encadrant, pour ainsi dire, du côté de la Méditeranée ces immenses sommités, cette route a porté, et porte encore le nom *de la Corniche*.

C'est par là que BONAPARTE est descendu en Italie lorsqu'il y est allé la première fois annoncer au monde par des prodiges de vaillance, et de sagesse, quel homme, quel capitaine, quel héros, la Providence avait choisi parmi nos guerriers pour être l'organe de sa bienfaisance parmi nous.

Cette route, réparée d'abord par BONAPARTE, et tout recemment rendue plus commode et plus sure, par les ordres de NAPOLÉON, sera très-incessamment ouverte au commerce, et à nos armées, et prolongée jusques à Gênes (30).

C'est sur ce chemin, c'est sur l'*Alpem Summam* de *César* et d'*Antonin*, que fut érigé le monument triomphal dont nous parlons.

Au sortir de la ville à qui *Hercule Monœcus* a donné son nom, se présentent les cimes de cette partie des Alpes (31).

La montée en est fort rude.

Dans l'espace d'un mille environ, en prenant vers l'occident, on y rencontre une petite plaine assez unie, environnée de montagnes.

Celle qui est tournée vers la mer s'appelle le *Col de Torbia.*

C'est sur ce plateau où on trouve la petite ville de ce nom.

Grand nombre de ses maisons sont bâties des ruines du grand monument d'Auguste.

Dans l'endroit le plus élévé de la ville on voit une enceinte de murailles avec leurs créneaux.

Elles enferment un espace de forme presque circulaire qu'on appelle *la Retraite*, qui est pareillement bâtie des ruines du monument.

C'était là, où du temps des factions des Guelphes, et des Gibelins, les habitans des villages voisins envoyaient leurs femmes, leurs enfants, et leurs effets les plus précieux pour les mettre à couvert des incursions des ennemis (32).

Au milieu de cette enceinte, et sur les mêmes fondemens de l'ancien monument, s'éléve le massif d'un bâtiment qui se fait rémarquer de très-loin, et dont partie est de l'ancienne construction.

Ces restes, et d'autres vestiges des constructions anciennes, joints à la tradition, et aux rapports de l'histoire, laissent former aisement une idée de la grandeur, de l'étendue, de l'élévation, de l'ordre, des ornemens, et de la forme de ce superbe édifice.

Joffredy, auteur d'un traité des antiquités de Nice, ouvrage généralement estimé, un auteur italien et anonyme, rapporté par *Joffredy*, et l'auteur de l'ouvrage, connu sous le titre de *Nouveau Théâtre du Piémont, et de la Savoye*, s'accordent à soutenir que ce monument célèbre était construit de la manière suivante.

Une aire carrée, de quarante deux pas géometriques par côté, soutenait un socle de trois pas d'élévation.

Sur ce socle s'élévait une base, et sur elle, sur toutes les quatre faces, un mur construit en pierres de taille, polies, en roche vive, unies avec beaucoup d'art, et en forme de ruche, ayant des alvéoles.

Dans l'interieur de cette base, et de six pieds en six pieds, se trouvaient quatre autres murs en roche vive, et en pierres carrées, non polies, formant un carré rempli de mortier, composé de chaux, de sable, et de pierres.

Entre ce massif et le mur exterieur existait également un remplissage de chaux, et de recoupes.

Au milieu de la façade du Midi il y avait une porte de six pieds de large, et de douze de hauteur, par laquelle on s'introduisait dans le monument.

Sur la gauche, en entrant, on trouvait un espace carré, de trois pas géometriques, qui servait pour parvenir à un escalier dont les dégrés étaient d'une palme romaine de hauteur.

Cet escalier s'élévait jusques à la corniche qui terminait, et ornait le mur dans son pourtour.

On trouvait la même porte, et le même escalier sur la façade tournée au Nord.

Les deux autres façades de l'Est, et de l'Ouest n'avaient pas de portes: elles étaient également en forme de ruche, en pierres carrées, unies ensemble avec beaucoup de précision, et d'art.

Sur ce soubassement carré, et le long de ses quatre côtés, était une plate-forme qui en faisait le tour.

Sur le massif du steréobate s'élévait un autre soubassement carré, construit en pierres carrées, taillées et polies avec plus de soin, ayant un socle, et une base, terminée par une corniche.

L'une des façades de ce socle présentait la grande inscription, copiée par *Pline*, et insérée dans son histoire naturelle (33).

Sur les façades laterales étaient de grands trophées en marbre de *Luni*, aujourd'hui *Carrara*, représentant en bas-relief les exploits d'Auguste.

Ces trophées, d'un travail exquis, étaient exécutés dans le même goût que les trophées de *Marius*, élévés dans Rome, abatus par *Sylla*, et rélévés par *Cesar* dans son édilité (34).

Sur ce second carré, qui était également rempli de ciment, excepté en deux endroits où l'on avait pratiqué deux escaliers à vis, était un steréobate en forme ronde, environné de socles en roche vive, sur lesquels s'élévaient des colonnes doriques de plusieurs pièces, réunies avec le plus grand art.

Elles soutenaient l'architrave à trois faces, la frise avec des triglyphes, et des métopes, ainsi que la corniche, le tout d'ordre dorique.

Derrière les colonnes, était une muraille en forme ronde, remplie de ciment.

Dans l'entrecolonnement il y avait des niches avec des statues, qu'on suppose avoir été celle de *Drusus*, beau-fils d'Auguste, et celles d'autres généraux.

La corniche était couronnée d'une coupole en forme sphérique avec ses arêtes de coupe

sortant

sortant du massif du mur et des points dé-
terminés par les colonnes qui l'environnaient.

Le faîte de ce grand édifice était terminé
par un superbe ornement qui supportait la
statue colossale d'Auguste (35).

Indépendamment des ravages que le temps
a exercés sur ce monument pendant tant de
siècles, il parait que la main des barbares
a employé le feu, le fer, le levier, et de
grands efforts pour le détruire.

On en juge par les débris des colonnes,
et par les grandes pierres repandues à des
distances considérables de l'édifice.

Les Goths, et autres barbares qui envahirent
ces contrées convertirent ce monument en un
fort.

Ils le bâtirent de ses ruines.

Il en est de même de la tour élévée sur
la partie ronde des anciennes constructions.

L'escalier par lequel on monte à la som-
mité de la tour est fait des mêmes dégrès
des escaliers à vis du monument.

Le mur à créneaux et les tourelles, qui
dans des temps postérieurs ont été construits
sur les fondemens, et le long de l'aire principale, sont bâtis des débris de ces mêmes
constructions anciennes.

Une grande partie de ceux des trophées, de
la statue du Prince, et des autres statues, et
colonnes, ainsi que de la grande inscription,
ont été mélés et confondus avec les maté-
riaux, employés à la construction du mur
de l'enceinte.

B

Joffredy a remarqué sur l'un des murs d'un vieux bâtiment, formé des ruines de l'ancien, un morceau de la grande inscription, présentant une partie des mots *Gentes Alpinæ*, et *Trumpilini*, mots qui faisaient partie de cette inscription.

On distingue assez évidemment que les murs, la voute, le clocher de la grande église de la *Torbie* sont formés des débris du grand édifice, et que les pierres qui couvrent les tombeaux de cette église proviennent des beaux marbres qui embellissaient le monument.

On en a dressé le plan, et la perspective.

On peut les observer parmi le nombre des plans et perspectives qui composent le *Nouveau Théâtre du Piémont et de la Savoye*.

La description que nous venons de donner est tirée en grande partie de l'ouvrage de *Joffredy*, et du texte de l'auteur italien qu'il nous a transmis.

Quelle que soit cette description, elle ne peut donner qu'une idée imparfaite de la magnificence de ce morceau d'une grande architecture.

L'imagination doit ajouter à notre description, et elle achevera de le peindre à l'esprit, sur tout, si l'on a visité avec attention le lieu, les restes, les vestiges qui se présentent encore à l'admiration de l'observateur intelligent.

Quel superbe monument de la grandeur des romains !

Quel autre trophée, et quelle position plus imposante auraient pu élever davantage l'ame du soldat romain, et donner au voyageur étonné une plus haute idée de la puissance d'Auguste?

Un point de vue d'une immense étendue, se perdant à l'Est avec les promontoires les plus lointains de la Ligurie, au Sud, avec les cimes des montagnes de la Corse voisine, à l'Ouest, avec les promontoires également lointains de la Gaule narbonnaise.

Une mer immense, à l'extrémité de laquelle l'imagination appercevait les bords opposés de l'Afrique tributaire, et soumise.

Au Nord, la chaîne toujours rélévée et croissante des Alpes, élançant par échelons, et sans horizon, leurs fronts superbes vers les cieux (36).

Sous les pieds, ces énormes montagnes, ces solides ossemens du globe, cette espèce de charpente de l'Europe.

Sous les yeux, un monument, grand, majestueux, étalant les prodiges de l'art, et les prestiges de l'architecture.

En haut, la statue du Prince le plus puissant dans le monde connu, et au tour du monument, celles des guerriers, et généraux romains.

Au centre, et sur la façade, la liste longue, et nombreuse de tous les peuples vaincus dans les Alpes.

Dans le souvenir, les exploits, et la gloire de la patrie.

Dans l'ame, la fierté du nom romain.

Quel autre modèle, quel autre genre que celui de ce grand monument, pourrait inventer le génie de l'Architecture pour honorer le nom de NAPOLÉON !

Lui érigera-t-on un arc de triomphe? le Héros a décerné lui même par un sentiment magnanime un arc de triomphe à la gloire de ses armées invincibles (37).

Jettera-t-on un pont en l'honneur de NAPOLÉON ? mais quelle rivière de France ne réclamera pas cet honneur, ou plutôt, quel fleuve, parmi ceux qui sont venus grossir le nombre des rivières de l'Empire , n'est pas heureux de sa glorieuse association aux hautes destinées de la France , et mérite d'être dompté, et vaincu par préférence ?

Le Rhin, la Moselle, l'Escaut, l'Éridan sont fiers d'être devenus français : il ne leur faut d'autres chaînes pour demeurer attachés à-jamais à l'empire de NAPOLÉON, que la sagesse de ses lois, l'admiration de ses vertus, et l'amour des fidèles habitans de leurs bords.

Élévera-t-on un obélisque au Père de la Patrie ? le Tribunat lui a voté des colonnes et des basiliques (38).

Ces colonnes orneront de vastes places : elles décoreront les avenues des palais des premiers corps de l'État : ces basiliques serviront au culte de l'épée, des ornemens , des enseignes impériales : elles seront ouvertes à des grandes fêtes nationales ; mais ces grands édifices renfermés avec tant d'autres dans Paris, ne satisfairont pas entièrement les vœux de la France entière.

Des grands monumens sont réclamés par elle, et par les lieux illustrés par les hauts faits de NAPOLÉON, ou signalés par l'histoire.

Quel autre point trouverait-on sur la surface de l'Empire, qui puisse présenter de plus grands souvenirs, et recevoir plus dignement le monument voté par le Sénat français à NAPOLÉON, que l'endroit où le Sénat romain fit ériger à Auguste le monument triomphal le plus imposant, peut-être, qui ait été connu?

Fiers de ces grands souvenirs, et de ceux plus récens, et plus glorieux, des premiers exploits de NAPOLÉON, les français des Alpes-maritimes ne pourraient-ils pas désirer sans une excessive témérité, que le monument voté fut érigé sur la même place, et sur les restes du grand monument d'Auguste ?

Aucun des plus grands princes de l'antiquité, si ce n'est Auguste, ne pourrait être comparé à NAPOLÉON en puissance, et par l'immensité de sa domination.

Le Héros français, qui surpasse le prince romain en vertus, et dont la vie, d'après les vœux ardens de la France, sera infiniment plus longue, en a pris plus dignement la place dans le temple de l'Immortalité.

Le Monument triomphal du premier Empereur des français peut donc être assis convenablement, nous aimons à le réitérer, sur les fondemens encore existans du plus grand monument triomphal du premier Empereur des romains ; monument, qui par là repasserait à la postérité, chargé de la gloire des deux plus grands Princes des deux plus grandes nations connues.

On l'a déjà remarqué, c'est sur les Alpes-maritimes, c'est sur le chemin où l'on apperçoit les restes de ce monument, que BONAPARTE a fait les premiers pas à l'Immortalité, et à la Gloire.

Il sera constamment glorieux à mes concitoyens de le rappeler, c'est de ces Alpes, c'est par la route jusques alors difficile qui les traverse, que le Héros est descendu en l'an quatre en Italie annoncer à l'univers par des étonnantes victoires, et des prodiges de sagesse, les hautes, et belles destinées de la France, et celles de l'homme immortel qui devait quelques années après, en l'arrachant à l'anarchie, et au malheur, se placer avec la patrie dans les bras de la Concorde, de la Vertu, de la Force, et de la Gloire.

Mais, si d'autres considérations faisaient préférer aux sages de cette patrie un autre point pour y asseoir le monument triomphal voté par eux à celui qui l'a sauvée, ils placeront ce monument, nous en avons le pressentiment, sur le promontoire de la côte de France qui serait le plus voisin de la côte opposée de l'Angleterre.

Là, et sur une grande élévation, ce monument triomphal élancera vers le ciel son front majestueux pour transmettre à la postérité le souvenir des vertus du Héros français, ses victoires sur la perfidie anglaise, sa modération, et sa magnanimité en accordant paix, et protection à ses ennemis désarmés.

Des bords peu éloignés de *Douvres* les anglais, ennemis, émules, ou vaincus, observeront à-jamais ce noble monument en éprouvant les sentimens irresistibles du remord, et de l'admiration.

Un camp, converti en ville militaire, peuplée exclusivement des familles des vainqueurs d'*Austerlitz*, veillera pour toujours à la conservation du monument sacré.

Cette ville portera le nom d'*Austerlitz*; et ce nom, autant que le monument, transmettra aux races futures le souvenir de cette mémorable victoire.

La statue colossale du Héros, coulée en bronze par la fonte de plusieurs canons enlévés par lui aux champs de la *Moravie*, sera saluée avec un respect réligieux par ceux des navigateurs du monde qui traverseront le passage de Calais.

Ils béniront la force, et la sagesse qui auront arraché à l'Angleterre le trident tyrannique des mers, et redonnée à tous les peuples la liberté de cet élément commun à tous.

Si, comme dans le monument d'Auguste, d'autres statues de généraux sont admises à servir de cortège à la statue dominatrice du

Monarque, les canons d'*Austerlitz* en fourniront la matière.

Le bronze est plus durable: il est moins fragile: il supporte mieux que le marbre les injures du temps.

Le Sénatus-consulte du premier Janvier 1806 sera la seule inscription qu'on placera sur le monument.

Aux pieds de la statue de NAPOLÉON seront gravés ces mots d'Horace, si connus, et jamais si justement appliqués.

» QUO NIHIL MAJUS, MÉLIUSVE
» FATA DONAVERE, BONIVE DIVI:
» NEC DABUNT, QUAMVIS REDEANT IN AURUM
» TEMPORA PRISCUM (39)

Des emblèmes en bronze rappelleront les bienfaits du 18 Brumaire, du Concordat, du Code civil, du 28 Floréal, du 11 Frimaire, époques véritablement régénératrices.

D'autres emblêmes du même métal, et de la même origine, symboliseront avec cette glorieuse paix de *Presbourg*, et avec cette légion de français, qui voués exclusivement à l'honneur ont fait serment d'aimer, et de défendre leur chef auguste autant que leur honneur, et leur patrie.

Dans trois des quatre principales façades du monument, autres que celle qui regardera l'Angleterre, des tables en bronze représenteront en bas-relief les hauts-faits du Héros dans les deux campagnes d'Italie, et dans celle d'Allemagne.

Elles transmettront ainsi à la postérité le souvenir de l'anéantissement des trois coalitions liguées contre notre prospérité, et notre indépendance.

Sur la quatrième façade on placera une table en bronze sur laquelle il ne sera rien écrit, ni sculpté.

Si la paix avec les anglais précède l'achevement du monument, le traité de paix y sera inscrit.

Si une rupture y succède, cette table sera brisée.

Elle sera remplacée par une autre qui transmettra aux générations les plus réculées le prompt assujetissement de l'Angleterre aux lois, et à l'empire de la France.

Ce sort l'attend (40) :

NAPOLÉON le lui prépare.

NOTES ET CITATIONS.

(1)

Discours de Son Excellence le Sénateur François (de Neuf-chateau) Président du Sénat, prononcé dans la séance du 1.er Janvier 1806.

(2)

Plutarchus conqueritur aspere nimis egisse primos ex Græcis, qui trophæa , aut marmore incisa , aut ære sculpta facientes, odium simul et bellum à conservata victi ignominia perpetuum reddidissent $=$ *Marlianus $=$ Urbis Romæ Topographia*, lib. V. cap. XIV.

(3)

Voyez le discours du Président du Sénat.

Ovide rappèle à son amie , dans une de ses élégies, l'usage barbare où étaient les Romains de couper les cheveux de leurs prisonniers de guerre, et de les faire marcher la tête nue au devant du char du triomphateur.

» Nunc tibi captivos mittet *Germania* crines :
» Culta triumphatæ munere gentis eris.
Ovid : Amor : lib. 1. *Eleg. XIV.*

(4)

On peut lire dans l'histoire de Charles XII de Suède , écrite par Voltaire, les détails curieux du premier de ces triomphes : il eut lieu le premier jour de janvier de l'an 1710; il fut rénouvellé l'an 1714 dans *Petersbourg* , après que Pierre , surnommé *Le Grand* , eut achevé de forcer la fortune de Charles à quitter ce roi , et à passer au czar.

(5)

Article 2 du S. C. du 1.er janvier 1806.

(6)

Proclamation de S. M. I. et Royale, datée du Palais Impérial de Schœnbrünn près Vienne le 6 nivôse an 14.

---

(7)

Discours de Son Excellence le Sénateur Chaptal, prononcé dans la séance du 14 janvier 1806.

---

(8)

Il est fait mention des anglais dans différens passages de l'exposé des motifs de l'ordonnance du mois d'avril 1453 de Charles VII. Ce Roi, en rappelant les maux qu'ils avaient fait jusques à cette époque à la France, qualifie constamment les anglais *d'anciens ennemis , et adversaires des français.*

Voyez cette ordonnance dans la collection imprimée par Pierre Sergent, à Paris , en 1539.

---

(9)

Discours précité du Président du Sénat.

---

	(10)
Ibidem.	

---

	(11)
Ibidem.	

---

(12)

Discours de son Excellence le Sénateur Lacépede, Grand-Chancelier de la Légion d'honneur, prononcé dans la même séance.

---

(13)

Prima tropæa ex arboribus confecta sunt, quas amputatis minoribus ramis hostium spoliis ornabant. Deinde cæpta sunt fieri ex lapide , et in montibus et locis altioribus locari. = *Sallust: in fragm: , et Serv:* ad Æn : L. XI. V. 6; *Vide Facciolatum* = *Lexicon totius latinitatis, curante Forcellin o.*

(14)

Telle est l'opinion générale au sujet de ce Monument ; mais d'après *Polybe*, livre III de la première *guerre punique*, ce fut *Lucius Æmilius* qui triompha le premier des insubriens, et qui consacra à Jupiter du capitole les coliers en or pris sur eux.

Suivant la chronologie de Sigonius, *Æmilius* a été nommé consul avec *Atilius*, l'année de Rome 525.

Flaminius, que Morery prétend avoir été consul l'an 531, et Sigonius l'an 527, triompha des insubriens dans une nouvelle guerre. Moreri a partagé l'avis de Polybe à ce sujet ; mais suivant ce même historien, des trophées furent consacrés à Jupiter par *Marcellus* qui vainquit subséquemment les insubriens.

C'est de ce consul, nommé avec *Cornelius* l'an 528, dont l'abreviateur du XX livre de ceux qui nous manquent de l'histoire de Tite Live, a dit que : *occiso insubriorum gallorum duce Virdumaro opima spolia retulit* ; mais Polybe, après avoir fait la description du combat singulier où *Marcellus* tua *Virdumarus* en présence des deux armées, assure que le général romain consacra à Jupiter les armes et les dépouilles du général gaulois.

Mais ce qui doit fixer les dates, les noms, et les faits à ce sujet, c'est la note historique qui y est rélative, et qu'on trouve dans les *Fastes consulaires*, autrement dits les *Fastes capitolins*, recueillis par *Panvinius*, *Sigonius*, *et Gruter*.

Voici ce qu'on lit sur ces fastes à l'année DXXXI de Rome.

» Cn. Cornelius, L. F. L. N. Scipio Calv. M. Claudius,
» M. F. M. N. Marcellus, M. Claudius M. F. M. N. Marcel-
» lus Cos. de Galleis Insubribus, et German. Isque spolia
» opima rettulit duce hostium Virdumaro ad Clastidium in-
» terfecto an DXXXI, K. Mar.

Ces observations nous ont paru interesser l'histoire de de l'ancienne Gaule : c'est par cette raison, et par forme de digression, que nous nous sommes permis de les inserer dans cette note.

---

(15)

» Utriusque victoriæ quod, quantumque gaudium fu-
» erit, vel hinc existimari potest quod et *Domitius Ænobarbus*
» et *Fabius Maximus*, ipsis quibus dimicaverant locis, saxeas
» erexere turres, et desuper exornata armis hostibus tropœa
fixere. *Florus*, lib. III. cap. II.

Cluver, autrement dit *Cluvier*, place les monumens de *Fabius* entre *Vienne*, et *l'Isére*, sur le confluent du *Rhone*:

il ajoute que c'etaient deux temples et un trophée en pierres blanches. Voyez = *Cluverius* = *Introductio in universam geographiam, tum veterem quam novam*, lib: III: cap: IX.

(16)

Voyez l'histoire des antiquités de Nice par *Pierre Joffredi* : le titre de cet ouvrage estimable est = *Nicæa Civitas sacris monumentis illustrata, opus in quo præter antiquitatum notitiam, Niciensis Urbis diœcesis, comitatus, et cætera describuntur, notationibus illustrantur.*

Le chapitre XVI de cet ouvrage porte le titre de = *Trophæa Augusti prope Nicæam in Alpibus-maritimis.* L'ouvrage a été imprimé à Turin, in *Folio*, en 1658, par *Jean Jacques Rustis*.

Voyez le dictionnaire historique, géographique et politique de *Charles Etienne*, verbo = *Tropæa Augusti.*

(17)

» Trophœum dictum ἀπό τῆς τροπῆς , idest conversione
» hostis et fuga, nam ab eo quod hostem fugasset merebatur
» trophœum. *Isidorus, Etymolog* : lib. XVIII. cap. II·

Castellum, vulgo *Torbia* dictum quod eum esse locum qui Ptolomæo dicitur τροπαια Σιναξ8, idest *Trophæa Augusti*, uno consensu admittunt geographi omnes recensiores, interque Blondus, Bracellius, Albertus, Cluverius, et Merula.

Voyez *Joffredy* : cap. XVI.

Flavius Blondus croit que l'Empereur *Publius Helvius Pertinax* est né à la *Torbia* : voyez l'ouvrage de cet estimable géographe, connu sous le titre de *Roma Restaurata, et Italia Illustrata* = *Regio Prima*.

(18)

Voyez l'Histoire générale de Provence par *Papon* tome 1, page 631, édition de 1777. Vous y observerez que suivant l'opinion de *Menard*, ce monument a été élevé dans la Ville de *Glanum Livii*, dont on voit encore les ruines près de Saint Rhémi : on croit qu'elle a été fondée par *Drusus*. La description du monument donnée par *Menard*, celle donnée par *Papon*, et sur tout, les dimensions de ce même monument prouvent qu'il était moins étendu que celui de la *Torbia*.

(19)

Consultez la description et l'explication de ce monument par *Menard* : son mémoire se trouve dans le XXXII volume de ceux de l'Académie des Inscriptions, page 739.

(20)

Consultez également la description de l'arc de triomphe de *Carpentras* par *Menard* : elle se trouve dans le même volume des mémoires de l'Académie des Inscriptions.

Ce monument, dont selon cet auteur, le corps entier, formait un carré long de 25 pieds, sur quatre, et trois pouces de largeur, avait environ six toises, deux pieds de hauteur, et était bâti de gros quartiers de pierre de taille du pays : le monument triomphal de la *Torbia* s'élévait sur une aire de 42 pas géometriques, et ses colonnes, et ornemens étaient en marbre.

(21)

L'arc de triomphe d'*Orange* est un des plus beaux monumens anciens, épargnés par le temps, et encore sur pied dans l'etendue de pays que les romains appelaient la *Gaule transalpine*. Ce monument a longuement exercé les antiquaires. Ils ne sont pas d'accord ni sur la date de son érection, ni sur le personnage auquel il a été consacré. Le plus grand nombre de ces auteurs, et parmi eux, *Papon*, dans son histoire de Provence, tome 1. page 622, le regardent comme ayant été élévé en l'honneur de *Marius*.

Ménard croit que ce monument l'a été en l'honneur de *Cesar*.

Maffei pretend que l'arc de triomphe et les antiquités d'*Orange* sont du temps d'*Adrien*.

Si l'on doit juger de la superiorité du monument de la *Torbia* par l'étendue de son aire, et par les proportions de ses colonnes, comparativement à l'étendue du monument d'Orange, et à ses ornemens, il ne peut rester aucunement de doutes en faveur du premier de ces monumens.

Spon, dans son *Voyage d'Italie*, de *Dalmatie*, de *Grèce*, et du *Levant*, attribue à *Marius* et à *Catulus* l'arc de triomphe dont nous parlons.

(22)

Il y aurait nombre de remarques curieuses à faire sur le monument dont nous venons de parler.

Si celui d'Orange est l'un des plus beaux et des mieux conservés de la *Gaule transalpine*, celui de *Segusium* est l'un de ceux de la *Gaule cisalpine* qui y reunisse ces mêmes prérogatives.

Le temps a épargné le corps de cet édifice : il est en marbre. La vétusté a ruiné presqu'entièrement la partie du
couronnement: les restes qui en existent font juger que ce
couronnement était autrefois entouré de balustres, et de
piédestaux, *supportant des statues, et que ces statues étaient
en bronze.*

Les restes de l'inscription, qui est effacée par le temps, ont
été expliqués en 1671 par *Joffredy*, sur la demande du duc
de Savoie, dont il était l'historien.

Cette inscription prouve que le monument a été élévé
en l'honneur de *César Auguste.*

On trouvait la même inscription sur les autres façades de
ce même monument : tels sont le témoignage et la rémarque
de *Jofredy*, adoptés par le redacteur du *Nouveau Théâtre de Piémont, et de Savoie*, tome 1.er, partie 2.

Ce dernier ajoute que ceux-là se trompent beaucoup qui
croyent que la longue inscription qui était placée sur le trophée
de *Torbie*, et dont *Pline* parle livre III, chap. XIX, soit la
même que celle de l'arc de triomphe de *Segusium.*

Bergier dans son histoire des Grands chemins de l'Empire
romain, avance, sans cependant le preuver, que cette inscription est celle du monument élévé à Auguste entre le
grand, et le petit Saint Bernard.

Sans doute, Bergier entend parler du monument érigé près
de *Pompæa Augusta*, actuellement *Aosta*; mais nous dé-
montrerons plus bas que l'inscription du trophée de la *Torbia*
a pû être placée également sur ce monument, et que
les restes de l'inscription de la *Torbia*, qui y ont été trouvés,
font partie de l'inscription copiée, et transmise par *Pline.*

---

(23)

La place des Victoires, et le monument qui jadis s'élévait
au milieu de cette place, ont été bâtis sur les desseins de *Jules
Hardouin Mansard.*

L'architecture de la porte Saint-Denis est du dessein de
François Blondel. Les ornemens et les sculptures sont du
dessein de *Le-Brun*, et exécutés par *Michel, et François
Angier.*

Pierre Bullet a fourni les desseins de la porte Saint-Martin:
les ornemens, et les sculptures sont de *Dujardin, Marsy,
Le Hongre, et Le Gros*, père.

---

(24)

Voyez = *Descriptio Urbis Romæ incerti auctoris apud
Philippum Labbe, in Notitia dignitatum imperii romani,
Parisiis è typographia Regia* = 1651.

(25)

(25)

Nos lecteurs liront sans doute avec plaisir les *observations* de *Joffredy* à ce sujet : elles sont contenues dans le passage suivant , et elles jettent beaucoup de jour sur cette matière.

» Hinc non mirum quod in Alpium maritimarum initio ,
» ubi , juxta quod aliqui tradiderunt, Strabone teste , Alpes
» omnes ordiuntur, loco ob decantatum Herculis transitum
» percelebri , ac aliquandò Galliam inter, atque Italiam ,
» quod ad Præfecturarum divisiones spectat , limite , inter
» editotum montium juga , situ tamen Romanis Gallias peten-
» tibus per viam Aureliam pervio , ac in maris inferi patenti
» prospectu, mole in ævum duraturâ, trophæa posuerit
» Senatus , et Populus Romanus , *cujus sollicitudinem* in
» ornandâ hisce monumentis Augusti memoriâ , præter
» *Svetonium* , ac *Dionem* indicat *Horatius v. s.*

,, Quæ cura Patrum , quæve Quiritium
,, Plenis honorum muneribus tuas
,, Auguste , virtutes , in ævum
,, Per titulos memoresque fastos
,, Æternet.

Voyez *Joffredy* , Nicæa Civitas, *Cap. XVI.*

---

(26)

» Les Alpes qui separent l'Italie de la France , occupent
» un grand pays fait en croissant, dont la partie convexe
» est du côté de la France , et le concave du côté d'Italie.
» Dans ces monts étaient du temps d'Auguste plusieurs
» peuples non encore domptés , lesquels vivant de briganda-
» ges , donnaient beaucoup de peine aux passans , et étaient
» bien si osés , que d'attaquer les Armées Romaines , qui
» passaient ou repassaient d'Italie en Gaule. *Bergier, Histoire*
» *des grands chemins de l'Empire Romain,* Liv. 1 Chap. 28.

---

(27)

Voyez la note précédente N.º 25.
Voyez *Bergier* = *Histoire des grands chemins de l'Empire Romain* = Liv. 3. Chap. 28.
Voyez également *Tabula Italiæ antiquæ in regiones XI ab Augusto divisæ, ex Plinio Lib. III, Cap. V, et seq. tum ad mensuras itinerarias , tum ad observationes astronomicas exactæ, accurante Guillelmo* De l'Isle , *è Regia Scientiarum Academia , et Regis francorum Geographo primario , edita à Philippo Buache anno* 1780.

C

(28)

Voyez = *Joffredy* = *Nicæa Civitas*. Cap. **I.** et **XVII.**

---

(29)

» Apenninus mons Italiam in duo secat, radices sub Pen-
» nino transitu Annibalis in Alpibus à Nicæa ad ipsum
» fermè Penninum in latitudinem extenduntur: *Cato* = *in*
» *Originib.*

---

(30)

» Le projet de la partie de la route de *Nice* à *Gênes*,
» entre *Nice* et la *Torbia* a été, sous les rapports militaires
» communiqué au Ministre de la guerre, qui a reconnu
» que cette partie étant soumise à l'action des forts à cons-
» truire sur les hauteurs environnantes, n'offrait aucun
» inconvénient pour la défense ; ce projet a, en conséquence,
» été approuvé.

» L'adjudication en a été passée ; les travaux sont en
» activité.

» Cette partie a 4 lieues de longueur, 8 mètres de largeur:
» *elle est à six-cents pieds environ au dessus du niveau de*
» *la mer.*

Extrait du rapport sur les Ponts et Chaussées, fait à Sa
Majesté l'Empereur, et Roi, et inséré dans le *Moniteur* du
12 Mars 1806.

---

(31)

Primam viam Thebanus Hercules ad Geryonem extin-
guendum per Tauriscos lenius gradiens, propè maritimas
composuit Alpes : hisque harum nomen indidit. *Monæci* simi-
liter arcem, et portum ad perennem sui memoriam consecra-
vit. *Ammianus Marcellinus* = *Historia*, Lib. **XV.**

---

(32)

Voyez la description du monument d'Auguste, écrite en
italien, et rapportée par *Joffredy*. Chap. **XVI,**

---

(33)

Nous transcrirons ici cette magnifique inscription. Nous
suivrons le texte adopté par *Joffredy*, cap. **XVII.**

IMPERATORI . CÆSARI . DIVI . F . AUG . PONT . MAX
IMP . XIV . TRIBUNIC . POTEST - XVIII

S. P. Q. R

QUOD . EIUS . DUCTU . AUSPICIISQUE
GENTES . ALPINÆ . OMNES . QUÆ . A . MARI . SUPERO
AD . INFERUM . PERTINEBANT
SUB . IMPERIUM . POP . ROM . SUNT . REDACTÆ
GENTES . ALPINÆ . DEVICTÆ . TRUMPILINI
CAMUNI . VENNONETES . ISNARCI . BREUNI
NAUNES . FOCUNATES . VINDELICORUM
GENTES . QUATUOR . CONSUANETES
VIRUCINATES . LICATES . CATENATES
ABISONTES . RUGUSCI . SUANETES
CALUCONES . BRIXENTES . LEPONTII
VIBERI . NANTUATES . SEDUNI
VERAGRI . SALASSI . ACITAVONES
MEDULLI . UCINI . CATURIGES
BRIGIANI . SOGIONTII . EBRODUNTII
NEMALONES . EDENETES . ESUBIANI
VEAMINI . GALLITÆ . TRIUI LATI
ECTINI . VERGUNNI . EGUITURI
NEMENTURI . ORATELLI . NERUSCI
VELAUNI . SUETRI.

Nous avons remarqué en la note, N.º **22** ; que *Bergier* dans son *Histoire des grands chemins* présume que cette inscription appartient au monument élévé à Auguste entre le Grand, et le Petit Saint-Bernard.

Nous ne devons pas negliger ici de refuter cette fausse opinion.

A' la verité, et bien que dénuée de toutes preuves, il est possible qu'elle ne soit pas entièrement erronée, quoique d'autre part, l'inscription que nous venons de mettre sous les yeux de nos lecteurs soit véritablement et incontestablement celle qui a appartenu au monument de la *Torbia*.

Differens auteurs ont pensé que cette même inscription ait été placée également par ordre du Sénat de Rome, sur l'un et l'autre des deux monumens qu'il fit ériger à la gloire d'Auguste sur les Alpes-maritimes, et sur la principale gorge des Alpes-pennines, et grecques, proche *Aosta*.

Telle est entr'autres l'opinion de Joffredy, justifiée par des excellens raisonnemens qu'on peut connaître dans le chapitre XVII que nous venons de citer.

Les romains ont quelque fois érigé à des differentes distances des monumens égaux, en y plaçant également des inscriptions semblables entr'elles, lorsque ces monumens avaient pour objet celui de transmettre à la posterité un seul et même événement arrivé sur une grande étendue de pays, ou interessant les habitans d'une ou pleusieurs provinces.

On peut en trouver des exemples dans l'ouvrage de *Marlianus* que nous avons souvent cité, et dans *l'Introduction à l'étude des anciennes Inscriptions latines*, par *François-Antoine Zaccaria* ⊐ chap. 8 ⊐ liv. II.

Bergier lui-même rapporte, au chapitre XX du livre I de son ouvrage, deux inscriptions *quasi toutes semblables*, ce sont ses propres mots, regardant l'une et l'autre l'Empereur *Caïus-Julius-Verus Maximinus*, bien que l'une de ces inscriptions ait été trouvée près de *Bragas* en Espagne, et l'autre sur le chemin de *Lisbonne*.

Mais pour revenir à celle du monument triomphal de la *Torbia*, il doit suffire des fragmens en marbre qui y ont été recueillis et reconnus, pour detruire toutes opinions contraires, et se convaincre que c'est exactement la même inscription, dont Pline nous a transmise la copie.

Nous avons deja rapporté à l'appui de cette certitude l'opinion raisonnée de l'auteur du *Nouveau Théâtre de la Savoie et du Piemont*, et *celle de Joffredy*.

On trouvera dans le cours du discours, dont ces notes sont des appendices détachées, l'indication d'un fragment en marbre, contenant des mots de l'Inscription du monument de la *Torbia*.

Il est un fait constant, attesté par Joffredy, par nombre d'écrivains de nos contrées, et par une tradition d'autant plus certaine qu'elle ne date que du siecle dernier, qu'on conservait encore dans l'Église de notre-Dame de l'Assomption, Paroisse de l'ancienne citadelle de Nice, les restes, et le. fragmens en marbre de la grande Inscription copiée par *Pline*.

Ces fragmens avaient été trouvés à la *Torbia* parmi les ruines du monument.

Ils avaient été réunis d'ordre du prince *Maurice de Savoie*.

Ils avaient été d'abord, transportés et conservés dans le couvent du célebre hermitage de notre-Dame de *Laguet*, et de là ensuite dans l' Eglise de notre-Dame de l'Assomption de la citadelle de Nice.

Cette forteresse, et l'Église avec elle, ont été minées et détruites par le marechal de Berwich en 1706, et en 1707.

Ces preuves de conviction devraient et peuvent suffire.

Mais nous voulons commander cette conviction en achévant de démontrer que *Bergier*, en émettant l'opinion que nous venons de combattre, l'a émise sans aucune considération approfondie, et justifiée.

On ne peut pas refuser à cet auteur l'estime, et même l'admiration dues à son excellent ouvrage sur les grands chemins des romains.

Mais.

. . . . . quandoque bonus dormitat Homerus,

Bergier ayant rapporté un nombre infini de textes d'inscriptions, et de citations d'auteurs anciens et classiques, a dû
prononcer un nombre égal de jugemens.

Aurait-il été constamment infaillible ?

Nous demontrerons clairement et brievement, que *Bergier*
s'est trompé dans le texte de l'inscription elle même.

Cet auteur rapporte à la fin du chapitre XXVIII du livre
premier tous les mots qui la composent.

Il est d'accord en tout avec *Joffredy*, avec cette difference
remarquable, que ce dernier fait finir le texte de l'inscription au mot *Svetri*, tandis que *Bergier* y ajoute les mots
suivants.

. . . . NON . SUNT . ADJECTÆ . COTTIANÆ . CIVI-
TATES . XII . . QUÆ . FUERANT . HOSTILES . SED
ITEM . ATTRIBUTÆ . MUNICIPIIS . LEGE . POMPEIA .

Il est évident que ces mots n'ont jamais appartenu, et
qu'ils n'ont pas pu appartenir au texte de l'inscription ancienne, gravée sur le marbre avant l'existence de *Pline*.

Ces mots appartiennent à *Pline* lui-même, et il les a
écrits comme historien.

Pour que nos lecteurs puissent comprendre plus aisement
la force de notre raisonnement, et reconnaître l'évidence
de l'erreur de *Bergier*, il est nécessaire qu'ils se mettent
sous les yeux le texte du chapitre XIX du livre III de
l'Histoire naturelle.

Ils y observeront que cet auteur donnant la description
des Alpes, et des nations qui les habitent, après avoir
parlé des *Liguriens* et des peuples appelés *Capillati*, *les
cheveleux*, peuples que *Pline* observe avoir habité cette
partie des Alpes qui aboutissent à la *mer ligurienne*, ajoute
immédiatement après, qu'il lui semble ne devoir pas placer, ailleurs, l'inscription qui avait été placée sur le monument
des Alpes, monument qui, comme on le voit, ne pouvait
être autre, d'après *Pline* lui-même, et d'après l'ordre, et
l'analogie des idées, que celui des Alpes-maritimes, de cette
partie des Alpes, qui aboutissent à la mer, connue de tout
temps sons le nom de *Mer ligurienne.*

Voici le texte de *Pline* » Vageni, Ligures et qui Montani
» vocantur, Capillatorumque plura genera ad confinium
» Ligustici maris. *Non alienum videtur hoc loco subijcere*
» *inscriptionem è Trophæo Alpium quæ talis est* IMPERA-
» TORI . CESARI . DIVI . FILIO » avec le reste de
l'inscription.

Arrivé au mot *Svetri*, par lesquels finit la liste de tous
les autres peuples vaincus, et dénommés sur cette inscription,

Pline ajoute qu'on n'y pas porté les douze Villes des Alpes Cottiennes qui n'étaient point ennemies de Rome, et qui par l'effet de la loi, proposée par *Pompée*, en avaient obtenu le droit de bourgeoisie.

Il est évident que cette observation de l'historien et les mots avec lesquels il nous l'a transmise, n'ont pas pu faire partie de l'inscription décrétée par le Sénat de Rome.

Il est donc incontestable que le savant *Bergier* s'est trompé en regardant comme dépendans de l'inscription du Monument des Alpes les mots qu'il n'a pas pris garde d'y insérer.

Si son jugement a été en défaillance sur ce point important pour l'histoire, pourquoi *Bergier* ne se serait-il pas trompé en attribuant cette inscription à un tout autre Monument que celui auquel elle appartenait ? Bien que d'autre part, et ainsi que nous le réitérons, l'inscription rectifiée, comme nous venons de le faire, pourrait également appartenir au monument contemporain, élevé à la gloire d'Auguste dans les gorges des Alpes pennines et grecques.

Il aurait du suffire à *Joffredy* de ces observations, et de la lecture refléchie du texte de *Pline*, pour dissiper et calmer ses premières inquiétudes sur la légitimité de cette inscription, objet de cette note.

---

(34)

» Adversante Optimatium factione quorum auctoritatem ut
» quibus posset modis invicem diminueret, tropæa, C. Marii
» de Jugurtha, deque Cimbris atque Teutonis olim a Sulla
» disiecta restituit = C. *Svetonius Tranquillus*, de XII Cæsaribus. lib. I.

---

(35)

Dans des temps de ténèbres et d'ignorance, le vulgaire croyait parmi nos ancêtres, que cette statue, inspirée par les diables, rendait des oracles et prédisait l'avenir.

On observait dans la principale Eglise des isles de *Lerins*, et sur un ancien tableau de *Saint-Honoré*, que la statue d'Auguste s'abat du haut du monument, et se brise, par les prières du Saint, au moment où elle allait repondre à des payens qui la consultaient.

Cette même représentation se trouvait également sur un autre tableau de *Saint-Honoré*, existant dans l'église des dominicains de Nice.

On sait que ce saint personnage a été l'un des Abbés du célèbre monastère de *Lerins*, et qu'il a laissé son nom à l'une de ces petites isles.

Joffredy, qui au chapitre XVII parle de ces deux tableaux. ajoute que quand à la chute miraculeuse de la statue, *an hoc veritati innitatur dubium plané esto.*

Il conclut même pour la négative, par la raison que, *Saint-Hilaire* d'Arles, qui a fait l'oraison funèbre de *Saint-Honoré*, et qui y rapporte tous les faits rémarquables de ce saint, n'y parle aucunement du miracle par lequel la statue colossale d'Auguste se serait renversée du haut du monument triomphal de la *Torbia.*

(36)

Quelques traits de ce tableau appartiennent à *Silius Italicus* Dans le livre XV de son poéme sur la seconde guerre punique où il fait la description du voyage de *Publius Scipion* en Espagne, on trouve ces vers :

> Jamque agiles, thyrenna sonant qua cerula puppes
> Ausonium evasere latus, ligurumque citatis
> Littora transmittunt proris : Hinc gurgite ab alto
> Tellurem procul irrumpentem in sidera cernunt
> Aerias Alpes.

Ailleurs, et dans le premier chant de son poéme, parlant de cette partie de Alpes *Silius Italicus* a dit :

> Interea Rutulis longinqua per æquora vectis
> Herculei ponto cæpere existere colles
> Et nebulosa jugis attollere saxa Monæci.

(37)

Décret de S. M. I. et Royale du 16 fevrier 1806.

(38)

Vœu émis par le Tribunat le 6 janvier 1680.

(39)

Horatius = Carm. lib. IV. ode II.

(40)

> » Non impune feres, Albion, impii
> » Te pænæ sceleris, nec solitæ, manent;
> » Jamque accensa minantur
> » Instant quæ tibi fulmina.

Voyez l'ode de Monsieur *Cauchy* à la Legion d'honneur.

A' cette prophetie qui est dans le cœur de tous les bons français, ainsi que dans l'esprit de tous les hommes sensés et prévoyans, nous en ajouterons une autre qui a été faite par *Saint-Dunstan* contre le roi *Egelrede*, et les Anglais.

» Conspiraverunt angli. . . . . non deficiet ab eis sanguis,
» et gladius, donec populus ignotæ linguæ superveniens, eos in
» ultimam redigat servitutem, nec expiabitur hoc delictum
» nisi longa vindicta.

Nous avons extrait cette prophétie du liv. 6 du *Polychronicon* de *Raynulph Higden*, moine de *Saint-Werburgue* de *Chester*. Cette chronique a été transcrite sur parchemin, du temps de *Richard Second*. Elle est du nombre des manuscrits très-rares de la bibliothèque *d'Oxford*. Elle y a été inserée et publiée en 1691 par *Thomas Gale*, bibliothécaire de l'Université : on la trouve page 269 du tome I de la collection connue sous le titre de *Historiæ Britannicæ, Saxonicæ, Anglo-Danicæ Scriptores. XV. Ex vetustioribus manuscriptis editi* = *Oxonii* 1691 in fol.

FIN DES NOTES ET CITATIONS.

E R R A T A.

Pag.	27	Lig.	6	aspere	lisez	asperé.
	29		3	*Æmelius*		*Æmilius.*
	29		32	an		anno.
	30		18	τροπασα		τροπαια

www.ingramcontent.com/pod-product-compliance
Lightning Source LLC
Chambersburg PA
CBHW061640060726
47597CB00005B/1977